## Inhaltsverzeichnis

# Vorwort / Allgemeine Informationen

Liebe Kolleg*innen,

die wörtliche Rede ist ein wichtiger Bestandteil des Deutschunterrichtes. Als wesentliches Gestaltungselement von eigenen oder nacherzählten Texten ist es elementar, dass die Kinder die wörtliche Rede sicher anwenden können. Dazu muss diese Rede immer wieder eingeübt und gefestigt werden. Das Arbeitsmaterial zur wörtlichen Rede aus diesem Heft können Sie als Arbeitsheft für Ihre Schüler*innen kopieren und heften (auf Heftstreifen oder getackert). Es handelt sich um DIN-A5-Karten, sodass die Schüler*innen am Ende der Übungszeit ein kompaktes kleines Heft zum Thema „Wörtliche Rede" in den Händen halten, in dem sie bei Unsicherheiten oder zum Lernen immer wieder nachschlagen können.
In dem Arbeitsheft bearbeiten die Kinder schrittweise zunächst das Wortfeld „sagen". Anschließend beschäftigen sie sich mit allen Formen der wörtlichen Rede mit vorangestelltem, nachgestelltem und eingeschobenem Begleitsatz. Zuletzt üben sie die gelernten Formen in gemischten Aufgaben.
Wenn Sie die wörtliche Rede mit Hilfe unseres Materials neu einführen, bietet es sich an, zuerst die Seiten zur wörtlichen Rede und erst danach die Seiten zum Wortfeld „sagen" zu bearbeiten. Bei der Wortfeldarbeit ist es notwendig, dass die Kinder die wörtliche Rede mit den Redezeichen bereits bilden können.

Damit den Kindern ein Hilfsmittel zur Seite gestellt wird, haben wir einen Lernfächer als Kopiervorlage erstellt. Dieser wird vorzugsweise auf farbiges Papier kopiert, einzeln laminiert, gelocht und mit einer Musterklammer geheftet. Dadurch können die Kinder die jeweils benötigte Regel auffächern und als Hilfe nutzen. Der Fächer passt ins Mäppchen der Kinder und ist dadurch stets griffbereit.

Mit Hilfe der Lernzielkontrolle können Sie im Anschluss an die Unterrichtseinheit das erworbene Wissen rund um die wörtliche Rede abfragen. Es stehen zwei Lernzielkontrollen zur Auswahl: Lernzielkontrolle A und Lernzielkontrolle B. Ein sich anschließender Beurteilungsbogen zu jeder Lernzielkontrolle erleichtert Ihnen die Auswertung.

Lösungen zu dem Arbeitsheft erleichtern Ihnen und Ihren Schüler*innen die Korrekturen. Sie können sie kostenlos online unter *www.buchverlagkempen.de* herunterladen (DE225 suchen, „Lösungen" unter Cover anklicken). Zum Öffnen der Datei verwenden Sie bitte folgendes Passwort: #W+R3tr!_24
Alternativ können Sie diesen QR-Code nutzen:

Wir hoffen, dass Ihnen unsere Arbeitsmaterialien den Unterricht erleichtern und wünschen Ihnen viel Freude mit diesem Heft.

Katja Zigan und Sonja Schneider

**Anmerkung:**
Liebe Lehrkraft, wir möchten in unseren Materialien niemanden benachteiligen oder diskriminieren. Daher nutzen wir unter anderem das Gendersternchen, um alle Geschlechter anzusprechen. In Texten für Schüler*innen verzichten wir jedoch aus Gründen der besseren Lesbarkeit darauf und nutzen weiterhin entweder die „neutrale" Form oder Doppelformen. Selbstverständlich sind stets alle Geschlechter gemeint.

# Vorlage für einen Regelfächer für das Mäppchen

## MEIN REGELFÄCHER ZUR WÖRTLICHEN REDE

**Für die wörtliche Rede brauchst du diese Zeichen:**

Doppelpunkt : • Anführungszeichen / Redezeichen unten „ • Anführungszeichen / Redezeichen oben “ • Punkt . • Komma , • Fragezeichen ? • Ausrufezeichen !

**Merke:**
Wenn in einem Text jemand etwas sagt, nennt man das **wörtliche Rede.**

Die wörtliche Rede wird durch **Anführungszeichen (Redezeichen)** „ “ gekennzeichnet. **Mia sagt:** *„Ich habe Hunger.“*

**Wörtliche Rede mit vorangestelltem Begleitsatz**
Die wörtliche Rede besteht aus einem *Redesatz* und einem **Begleitsatz.**
Der Begleitsatz kann am Anfang stehen.

Hinter dem **vorangestellten Begleitsatz** steht immer ein **Doppelpunkt** :
**Leon sagt:** *„Ich gehe jetzt zur Schule.“*

**Wörtliche Rede mit nachgestelltem Begleitsatz**
Der Begleitsatz kann am Ende stehen. Zwischen dem *Redesatz* und dem **nachgestellten Begleitsatz** steht immer ein **Komma** ,
*„Pass auf!“*, **ruft Justus.** *„Schläfst du?“*, **fragt Simon.**

**!** Bei einem Aussagesatz wird hier in der wörtlichen Rede **kein** Punkt gesetzt.
*„Ich habe Hunger“*, **jammert Till.**

**Wörtliche Rede mit eingeschobenem Begleitsatz**
Der **Begleitsatz** kann mitten im *Redesatz* stehen.

Vor und hinter dem **eingeschobenen Begleitsatz** steht immer ein **Komma** ,
*„Wer putzt“*, **fragt die Lehrerin,** *„heute die Tafel?“*

Name: ____________________ Datum: ____________

## Wortfeld sagen – Wörtersammlung

| | | | |
|---|---|---|---|
| meckern | flehen | tuscheln | behaupten |
| flüstern | schreien | rufen | meinen |
| wispern | schwätzen | brüllen | erzählen |
| grummeln | reden | erklären | brummen |
| bitten | fragen | plappern | murmeln |
| antworten | mitteilen | quasseln | stammeln |
| stottern | **sagen** | | sprechen |
| sich erkundigen | | | raten |
| jammern | sich beklagen | besprechen | schimpfen |
| ermahnen | aussagen | entgegnen | erwidern |
| labern | plauschen | tratschen | schwafeln |
| kichern | lachen | raunen | vorschlagen |
| scherzen | jubeln | fluchen | stöhnen |
| seufzen | nörgeln | grölen | schnattern |

Name: ____________________ Datum: ____________

## Wortfeldarbeit: sagen – Übung 1

Die Wörter zum Wortfeld sagen können je nach Bedeutung ganz unterschiedlich betont ausgesprochen werden, zum Beispiel laut, leise oder in einer normalen Lautstärke.

1. Lies die Wörter und sprich sie unterschiedlich betont aus.
2. Male die Wörter an: rot = laut, blau = leise und grün = normale Lautstärke

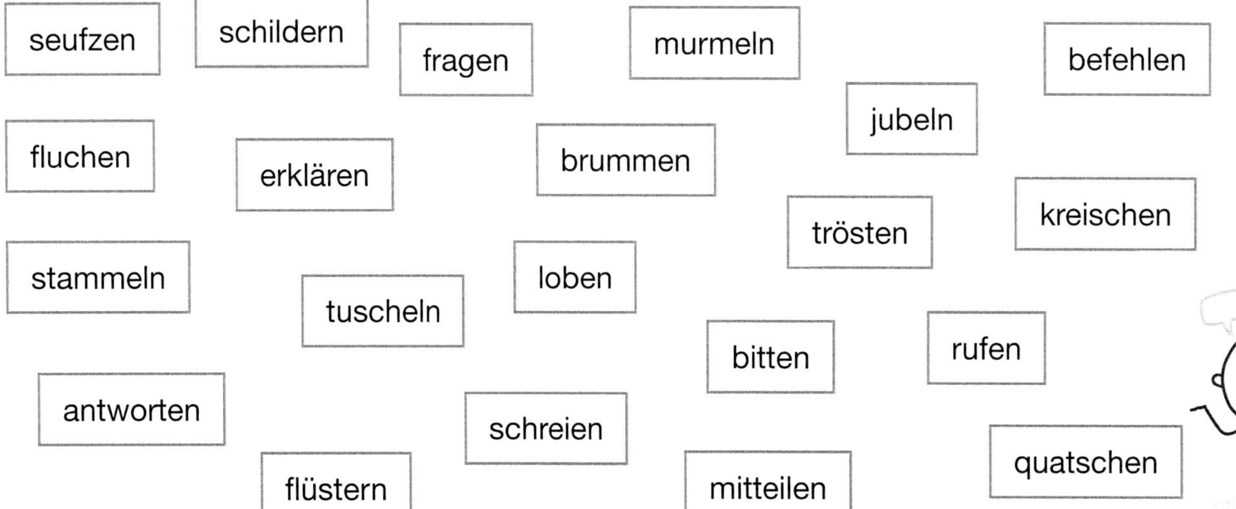

Name: ______________________________ Datum: ______________

## Wortfeldarbeit: sagen – Übung 2

1. Lies den Text. Unterstreiche das Wort sagen rot.
2. In diesem Text wird das Wort sagen häufig verwendet. Ersetze das Wort sagen durch ein passendes anderes Wort. Die Wörtersammlung hilft dir dabei.
   Schreibe den überarbeiteten Text in dein Heft.

**Die kleine Hexe Merle**

Merle war sehr traurig und sagte laut: „Mein schöner Besen! Er ist kaputt. Wie soll ich denn jetzt wieder nach Hause fliegen?" Die kleine Hexe Merle saß auf dem Boden in Lisas Badezimmer. Lisa sah zu ihrer kleinen Hexenfreundin und sagte: „Wir werden eine Lösung finden! Vielleicht kannst du dir den Besen wieder zusammenhexen?" „Uaaahhhhh!", sagte Merle. „Ich kann auch nicht mehr hexen! Ich habe alle Zaubersprüche vergessen!" „Merle, ganz ruhig! Alles wird gut!", sagte Lisa. „Okay, ich werde es versuchen!", sagte die kleine Hexe. Sie fuchtelte wild mit den Armen und sagte laut: „Krötenbein und Schlangenschwanz, Besen sei nun wieder ganz!" Es ertönte ein lauter Knall und die beiden sahen, wie der Besen sich zusammensetzte. „Hurra", sagte Lisa, „du hast es geschafft!" Merle sagte erleichtert: „Ich habe es geschafft! Nun kann ich wieder in den Hexenwald fliegen!"



Name: ______________________________ Datum: ______________

## Wortfeldarbeit: sagen – Übung 3 a

Wähle aus der Wörtersammlung 10 Wörter aus, die du dir besonders gut merken kannst.
Schreibe sie in die Sprechblasen.

Name: ______________________ Datum: ______________

## Wortfeldarbeit: sagen – Übung 3 b

1. Bilde mit deinen ausgewählten Wörtern insgesamt 4 Sätze und ✏ schreibe sie auf.
2. ✏ Unterstreiche dein Wort aus dem Wortfeld [sagen] blau. Benutze ein Lineal.
   **Beispiel:** Tina <u>flüstert</u> in der Bücherei: „Oh, schau mal! Hier gibt es Bücher der drei Ausrufezeichen!“

________________________________

________________________________

________________________________

________________________________

________________________________

________________________________

________________________________

________________________________



Name: ______________________ Datum: ______________

## Wörtliche Rede mit vorangestelltem Begleitsatz – Übung 1 a

1. ✏ Unterstreiche den Begleitsatz blau und den Redesatz rot. Benutze ein Lineal.
2. ✏O Kreise die Anführungszeichen / Redezeichen [„] [“] gelb ein.
   **Tipp:** Der Federmappenfächer hilft dir!

1) Lena erzählt: „In Afrika leben Giraffen.“

2) Mert bettelt: „Darf ich bitte noch einen Riegel Schokolade?“

3) Der Lehrer meckert: „Ihr müsst das Einmaleins zu Hause üben!“

4) Michael ruft: „Oh, das Buch ist toll!“

5) Die Lehrerin verkündet: „Heute gehen wir zusammen zur Eisdiele.“

Name: ______________________ Datum: ______________

## Wörtliche Rede mit vorangestelltem Begleitsatz – Übung 1 b

1. Unterstreiche den Begleitsatz blau und den Redesatz rot. Benutze ein Lineal.

2. Kreise die Anführungszeichen / Redezeichen „ “ gelb ein.
**Tipp:** Der Federmappenfächer hilft dir!

1) Der Feuerwehrmann erklärt: „Ich hole auch Katzen von Bäumen.“

2) Mike fragt: „Warum hörst du mir nicht zu?“

3) Hanna schreit: „Ich bin super schnell!“

4) Paul bestimmt: „Du bist dran!“

5) Emilia antwortet: „Das ist richtig.“



Name: ______________________ Datum: ______________

## Wörtliche Rede mit vorangestelltem Begleitsatz – Übung 2 a

Setze die fehlenden Anführungszeichen / Redezeichen „ “ ein.

1) Anne wundert sich: ☐ Warum tust du das? ☐

2) Die Lehrerin schimpft: ☐ Warum hast du deine Hausaufgaben nicht gemacht? ☐

3) Daniel schwärmt: ☐ Bei Oma und Opa war es richtig schön! ☐

4) Samira und Aylin kichern: ☐ Das war wirklich witzig! ☐

5) Stefan mault: ☐ Ich will keine Wanderung machen. ☐

6) Paula freut sich: ☐ Endlich sind Ferien! ☐

Name: ______________________ Datum: ______________

## Wörtliche Rede mit vorangestelltem Begleitsatz – Übung 2 b

Setze die fehlenden Anführungszeichen / Redezeichen [ „ ] [ “ ] ein.

1) Fritz flüstert: [ ] Wir müssen jetzt ganz leise sein. [ ]

2) Mika weint: [ ] Ich habe mich am Knie verletzt. [ ]

3) Tom verspricht: [ ] Ich melde mich auf jeden Fall bei dir. [ ]

4) Thea jammert: [ ] Warum passiert immer mir so etwas? [ ]

5) Holger schnauft: [ ] Das war wirklich anstrengend. [ ]

6) Madita weint: [ ] Ich will noch nicht nach Hause. [ ]



Name: ______________________ Datum: ______________

## Wörtliche Rede mit vorangestelltem Begleitsatz – Übung 3 a

1. Lies die Sätze und setze alle fehlenden Satzzeichen [ : ] [ „ ] [ “ ] ein.
2. Unterstreiche den Redesatz rot und den Begleitsatz blau. Benutze ein Lineal.

1) Marie flucht [ ] [ ] Immer muss ich alles allein aufräumen. [ ]

2) Timo meint [ ] [ ] Ich finde Dinosaurier richtig spannend. [ ]

3) Andreas erzählt [ ] [ ] Am Wochenende haben wir eine lange Fahrradtour gemacht. [ ]

4) Linus flüstert [ ] [ ] Das ist aber unser Geheimnis. [ ]

5) Frau Meinerts meckert [ ] [ ] Das ist aber jetzt viel zu laut. [ ]

6) Yaren ruft [ ] [ ] Ich wünsche ein schönes Wochenende! [ ]

7) Greta und Malik jubeln [ ] [ ] Wir haben gewonnen! [ ]

Name: ________________________ Datum: ____________

## Wörtliche Rede mit vorangestelltem Begleitsatz – Übung 3 b

1. Lies die Sätze und setze alle fehlenden Satzzeichen : „ “ ein.
2. Unterstreiche den Redesatz rot und den Begleitsatz blau. Benutze ein Lineal.

1) Finja mault ☐ ☐ Der neue Lehrer ist voll unfair. ☐

2) Enes lacht ☐ ☐ Der Witz war richtig gut. ☐

3) Bella berichtet ☐ ☐ Ich habe zum Geburtstag ein Fahrrad bekommen. ☐

4) Toni fragt ☐ ☐ Möchtest du auch einen Keks? ☐

5) Marla freut sich ☐ ☐ Endlich haben wir wieder Kunst. ☐

6) Dennis versichert ☐ ☐ Ich komme morgen auf jeden Fall zum Training. ☐

7) Laura erzählt ☐ ☐ Im Urlaub waren wir am Meer. ☐



Name: ________________________ Datum: ____________

## Wörtliche Rede mit vorangestelltem Begleitsatz – Übung 4 a

1. Schreibe zu den folgenden Sprechblasen die wörtliche Rede mit vorangestelltem Begleitsatz in dein Heft.
2. Kreise die Satzzeichen : „ “ . ? ! gelb ein.

Ich kann Saltos!

der Delfin | rufen | Der Delfin ruft: „Ich kann Saltos!“

Von hier oben hat man eine tolle Aussicht.

die Giraffe | berichten

Ich galoppiere über das Feld.

das Pferd | verkünden

Name: ______________________________ Datum: ______________

## Wörtliche Rede mit vorangestelltem Begleitsatz – Übung 4 b

1. Schreibe zu den folgenden Sprechblasen die wörtliche Rede mit vorangestelltem Begleitsatz in dein Heft.
2. Kreise die Satzzeichen : „ “ . ? ! gelb ein!

der Frosch | quaken

der Elefant | erklären

die Ameise | behaupten



Name: ______________________________ Datum: ______________

## Wörtliche Rede mit nachgestelltem Begleitsatz – Übung 1 a

1. Unterstreiche den Redesatz rot und den Begleitsatz blau. Benutze ein Lineal.
2. Kreise die Anführungszeichen / Redezeichen „ “ gelb ein.

**Tipp:** Der Federmappenfächer hilft dir!

1) „Sollen wir heute in der Pause mit Heidi spielen?“ , fragt Svenja Benny.

2) „Ich finde, das ist eine gute Idee“, bemerkt Timo.

3) „Das ist ein schöner Garten!“, findet Tante Frieda.

4) „Onkel Peter hat ein rotes Auto“, überlegt Oma laut.

5) „Fällt das Fußballtraining heute aus?“, erkundigt sich Mesut.

Name: ______________________________ Datum: ______________

## Wörtliche Rede mit nachgestelltem Begleitsatz – Übung 1 b

1. Unterstreiche den Redesatz rot und den Begleitsatz blau. Benutze ein Lineal.

2. Kreise die Anführungszeichen / Redezeichen „ “ gelb ein.
**Tipp:** Der Federmappenfächer hilft dir!

1) „Das weiß ich nicht!“, ruft Ilse.

2) „Heute Nachmittag zieht ein Gewitter auf“, meint Papa.

3) „Es ist so heiß!“, keucht Thomas.

4) „Mache dir keine Sorgen!“, tröstet Luis.

5) „Am Wochenende waren wir im Kletterpark“, erzählt Leonie.



Name: ______________________________ Datum: ______________

## Wörtliche Rede mit nachgestelltem Begleitsatz – Übung 2 a

Setze die fehlenden Satzzeichen „ “ , . ? ! ein.

1) ☐ Warum tust du das ☐ ☐ ☐ fragt Melanie ☐

2) ☐ Guten Morgen, liebe Kinder ☐ ☐ begrüßt die Lehrerin ihre Klasse ☐

3) ☐ 5 mal 5 ist gleich 25 ☐ ☐ antwortet Petra ☐

4) ☐ Das Essen war so lecker ☐ ☐ ☐ schwärmt Hanne ☐

5) ☐ Ich wünschte, meine Mutter würde mir auch ein Honigbrot schmieren ☐ ☐ seufzt Jonas ☐

Name: ______________________________ Datum: ______________

## Wörtliche Rede mit nachgestelltem Begleitsatz – Übung 2 b

Setze die fehlenden Satzzeichen [„] [“] [,] [.] [?] [!] ein.

1) [ ] Ich habe meine Hausaufgaben vergessen [ ] [ ] murmelt Karin [ ]

2) [ ] Hast du heute Lust, mit mir zu spielen [ ] [ ] [ ] erkundigt sich David [ ]

3) [ ] Du bist so gemein [ ] [ ] [ ] schreit mein kleiner Bruder [ ]

4) [ ] Was ist dein Lieblingsessen [ ] [ ] [ ] will Leo wissen [ ]

5) [ ] Nicht vom Beckenrand springen [ ] [ ] [ ] schimpft der Bademeister [ ]

6) [ ] Das war eine tolle Feier [ ] [ ] [ ] ruft Johann [ ]



Name: ______________________________ Datum: ______________

## Wörtliche Rede mit nachgestelltem Begleitsatz – Übung 3 (1)

1. Lies die Sprechblasen.
2. Schreibe auf Arbeitsblatt (2) den passenden Redesatz mit allen Satzzeichen zum Begleitsatz auf die Linie.

„Deine Hose ist noch im Trockner“

„Lass mich in Ruhe, Willi!“

„Wo ist mein Füller?“

„Gibt es heute Abend Pizza?“

„Ich kaufe mir einen eigenen Ball“

„Am Montag beginnt die Woche“

„Ich wollte das nicht“

„Ich habe keine Lust zum Spielen!“

Name: ______________________ Datum: ______________

## Wörtliche Rede mit nachgestelltem Begleitsatz – Übung 3 (2)

______________________________, schreit Olaf.

______________________________, wundert sich Julia.

______________________________, heult Rudi.

______________________________, erkundigt sich Jule.

______________________________, erklärt Ben.

______________________________, schluchzt Dana.

______________________________, verkündet Florian.

______________________________, antwortet Mama.



Name: ______________________ Datum: ______________

## Wörtliche Rede mit nachgestelltem Begleitsatz – Übung 4 a

1. Schreibe die Sätze mit vorangestelltem Begleitsatz um und bilde Sätze mit nachgestelltem Begleitsatz.
2. Unterstreiche den Redesatz rot und den Begleitsatz blau.
   Kreise alle Satzzeichen gelb ein.

**Beispiel:** Inga weint: „Das tut so weh!" → „Das tut so weh!", weint Inga.

1) Henning ruft: „Ich habe so einen Hunger!"

______________________________

2) Leni flüstert: „Komm, wir schleichen uns in die Küche."

______________________________

3) Simone beschwert sich: „Ich war das nicht!"

______________________________

4) Mama ermahnt: „Putz bitte deine Zähne."

______________________________

Name: ______________________ Datum: ______________

## Wörtliche Rede mit nachgestelltem Begleitsatz – Übung 4 b

1. Schreibe die Sätze mit vorangestelltem Begleitsatz um und bilde Sätze mit nachgestelltem Begleitsatz.
2. Unterstreiche den Redesatz rot und den Begleitsatz blau.
   O Kreise alle Satzzeichen gelb ein.

1) Papa bestätigt: „Das würde ich genauso machen."

______________________________________________

2) Julius berichtet: „Im Museum war es interessant."

______________________________________________

3) Opa erklärt: „Früher gab es noch keine Autos."

______________________________________________

4) Nele brüllt: „So geht das gar nicht!"

______________________________________________



Name: ______________________ Datum: ______________

## Wörtliche Rede mit eingeschobenem Begleitsatz – Übung 1 a

1. Unterstreiche den Redesatz rot und den Begleitsatz blau. Benutze ein Lineal.
2. O Kreise die Anführungszeichen / Redezeichen „ " gelb ein.

**Tipp:** Der Federmappenfächer hilft dir!

1) „Morgen fahren wir", berichtet Anni, „zum Bauernhof."

2) „Hat jemand", fragt Liam, „meinen Bleistift gesehen?"

3) „Gestern", beschwert sich Frau Meier, „war es viel zu laut."

4) „Der Kinofilm", freut sich Max, „war sehr lustig."

5) „Darf ich heute", bettelt Sophie, „etwas länger aufbleiben?"

Name: ______________________ Datum: ______________

## Wörtliche Rede mit eingeschobenem Begleitsatz – Übung 1 b

1. Unterstreiche den Redesatz rot und den Begleitsatz blau. Benutze ein Lineal.

2. Kreise die Anführungszeichen / Redezeichen „ “ gelb ein.
**Tipp:** Der Federmappenfächer hilft dir!

1) „Das Buch über die Waldtiere“, erzählt Toni, „ist sehr interessant.“

2) „Achtung“, ruft der Vater, „da vorne ist eine gefährliche Straße!“

3) „Wir nehmen“, überlegt Antonia, „am besten den Weg durch den Park.“

4) „Vorhin im Sportunterricht“, kichert Marlene, „ist meine Hose gerissen.“

5) „Am Wochenende soll es regnen“, sagt die Mutter, „dann fahren wir ins Schwimmbad.“



Name: ______________________ Datum: ______________

## Wörtliche Rede mit eingeschobenem Begleitsatz – Übung 2

1. Verbinde immer zwei Redesätze mit einem Begleitsatz.
2. Kreise die Anführungszeichen / Redezeichen „ “ gelb ein.

| | | |
|---|---|---|
| „Morgen“, | sagt Ben, | „heute sehr müde.“ |
| „Ich brauche“, | berichtet Emilia, | „brauchen viel Wasser.“ |
| „Ich bin“, | erklärt der Zoowärter, | „schreiben wir eine Mathearbeit.“ |
| „Das Wasser“, | gähnt Felix, | „einen neuen Zeichenblock.“ |
| „Die Elefanten“, | freut sich Hanna, | „beginnt mein Training.“ |
| „In Italien“, | beschwert sich der Mann, | „gibt es köstliche Pizza.“ |
| „Um 15 Uhr“, | schwärmt Frau Weber, | „ist eiskalt.“ |

Name: ______________________ Datum: ____________

## Wörtliche Rede mit eingeschobenem Begleitsatz – Übung 3 a

Setze die fehlenden Satzzeichen , „ “ ein.

1) ☐ Liebe Mama ☐ ☐ bittet Elli ☐ ☐ darf ich bei Frida schlafen? ☐

2) ☐ Heute ☐ ☐ freut sich Finn ☐ ☐ fahren wir in den Urlaub. ☐

3) ☐ Mir ist ☐ ☐ jammert Fiona ☐ ☐ so kalt. ☐

4) ☐ Der Zug ☐ ☐ meckert Uwe ☐ ☐ ist schon wieder zu spät. ☐

5) ☐ Ich möchte ☐ ☐ beschließt Tom ☐ ☐ mein altes Fahrrad verkaufen. ☐

6) ☐ Ich freue mich ☐ ☐ meint Ben ☐ ☐ ein Eis zu essen. ☐



Name: ______________________ Datum: ____________

## Wörtliche Rede mit eingeschobenem Begleitsatz – Übung 3 b

Setze die fehlenden Satzzeichen , „ “ ein.

1) ☐ Wer ☐ ☐ fragt Aaron ☐ ☐ hat heute Zeit zum Fußball spielen? ☐

2) ☐ Ich ☐ ☐ antwortet Florian ☐ ☐ komme gerne mit. ☐

3) ☐ Räumt endlich ☐ ☐ ruft Papa ☐ ☐ euer Zimmer auf! ☐

4) ☐ Die Hausaufgaben ☐ ☐ stöhnt Eva ☐ ☐ sind heute richtig schwierig. ☐

5) ☐ Am Wochenende ☐ ☐ verkündet Franzi ☐ ☐ schlafe ich aus. ☐

Name: ______________________ Datum: ______________

## Wörtliche Rede mit eingeschobenem Begleitsatz – Übung 4 a

1. Lies die Sätze und setze alle fehlenden Satzzeichen , „ “ ein.
2. Unterstreiche den Redesatz rot und den Begleitsatz blau. Benutze ein Lineal.

1) ☐ Bei Rot ☐☐ erklärt der Polizist ☐☐ bleiben wir stehen. ☐

2) ☐ Nächste Woche ☐☐ verkündet Mama ☐☐ machen wir ein Picknick am See. ☐

3) ☐ Wer hilft mir ☐☐ fragt Oma ☐☐ beim Tischdecken? ☐

4) ☐ Wer möchte ☐☐ will Ole wissen ☐☐ ein Bonbon? ☐

5) ☐ In den Ferien ☐☐ freut sich Martin ☐☐ besuche ich Oma und Opa. ☐

6) ☐ Bald ☐☐ erzählt Elisa ☐☐ gehe ich auf die neue Schule. ☐



Name: ______________________ Datum: ______________

## Wörtliche Rede mit eingeschobenem Begleitsatz – Übung 4 b

1. Lies die Sätze und setze alle fehlenden Satzzeichen , „ “ ein.
2. Unterstreiche den Redesatz rot und den Begleitsatz blau. Benutze ein Lineal.

1) ☐ Wenn es schneit ☐☐ schlägt Tina vor ☐☐ bauen wir einen Schneemann. ☐

2) ☐ Letzte Woche ☐☐ berichtet Frau Becker ☐☐ habe ich einen Unfall gesehen. ☐

3) ☐ Aua ☐☐ schreit Max ☐☐ ich habe mir den Kopf gestoßen. ☐

4) ☐ Bald ☐☐ freut sich Anne ☐☐ bekomme ich einen kleinen Bruder. ☐

5) ☐ Wenn ich groß bin ☐☐ überlegt Olga ☐☐ möchte ich eine Weltreise machen. ☐

Name: ______________________ Datum: ______________

## Wörtliche Rede mit eingeschobenem Begleitsatz – Übung 5

1. Lies die Sätze.
2. Schreibe die Sätze mit einem eingeschobenem Begleitsatz auf.
3. Setze alle fehlenden Satzzeichen , „ “ ein.

**Beispiel:** Ich gehe morgen zu meinem Freund. (erzählt Piet)
„Ich gehe“, erzählt Piet, „morgen zu meinem Freund.“

1) Heute backen wir Plätzchen. (freut sich Lena)

______________________________________________

2) Im Winter wird es früher dunkel. (erklärt der Lehrer)

______________________________________________

3) Mir ist es viel zu heiß. (stöhnt Elsa)

______________________________________________

4) Lesen macht schlau. (weiß Max)

______________________________________________



Name: ______________________ Datum: ______________

## Mischformen – Übung 1

1. Lies die Sätze.
2. Setze alle fehlenden Satzzeichen : , „ “ ein.

1) ☐ Wann ist endlich mein Geburtstag? ☐ ☐ fragt Ali.

2) Lina stellt fest ☐ ☐ Draußen regnet es. ☐

3) ☐ Ich möchte ☐ ☐ bettelt Sophie ☐ ☐ noch ein Stück Kuchen. ☐

4) Jana gähnt ☐ ☐ Ich will noch nicht aufstehen. ☐

5) ☐ Die Clowns waren besonders lustig ☐ ☐ lacht Stefan.

6) ☐ Im Sommer ☐ ☐ erzählt Jan ☐ ☐ gehen wir zelten. ☐

7) Nina ruft ☐ ☐ Kommt sofort her! ☐

8) ☐ Das ist ☐ ☐ freut sich Opa ☐ ☐ ein wunderschönes Bild. ☐

Name: ______________________________ Datum: ________________

## Mischformen – Übung 2

1. Lies die Sätze.
2. Stelle den Begleitsatz an den Anfang.

1) „Ich habe mein Zimmer aufgeräumt“, erzählt Maxi.

______________________________________________

2) „Wer kommt mit zum Spielplatz?“, fragt Conni.

______________________________________________

3) „Seid endlich leise!“, schimpft die Nachbarin.

______________________________________________

4) „Siehst du auch den Schatten?“, flüstert Anja.

______________________________________________

5) „Heute gibt es Waffeln“, empfiehlt der Kellner.

______________________________________________



Name: ______________________________ Datum: ________________

## Mischformen – Übung 3 a

1. Bilde zu dem Satz alle drei Möglichkeiten der wörtlichen Rede.
2. Setze die passenden Satzzeichen : , „ “ ein.

Das Essen schmeckt mir nicht. (Tom meckert)

1) vorangestellter Begleitsatz:

______________________________________________

2) nachgestellter Begleitsatz:

______________________________________________

3) eingeschobener Begleitsatz:

______________________________________________

______________________________________________

Name: ______________________________ Datum: ______________

## Mischformen – Übung 3 b

1. Bilde zu dem Satz alle drei Möglichkeiten der wörtlichen Rede.
2. Setze die passenden Satzzeichen : , „ “ ein.

Wir waren am Sonntag im Theater. (Mia erzählt)

1) vorangestellter Begleitsatz:

______________________________________________

2) nachgestellter Begleitsatz:

______________________________________________

3) eingeschobener Begleitsatz:

______________________________________________

______________________________________________



Name: ______________________________ Datum: ______________

## Mischformen – Übung 4

1. Schreibe die Redesätze mit einem passenden Begleitsatz auf.
2. Setze die passenden Satzzeichen : , „ “ ein.

1) Heute ist Schule.

______________________________________________

2) Wer möchte mit mir spielen?

______________________________________________

3) Am Wochenende war ich im Stadion.

______________________________________________

4) Räum endlich dein Zimmer auf!

______________________________________________

Name: ____________________ Datum: ____________

# Lernzielkontrolle A

1. Setze jeweils ein passendes Wort für sagen ein.

   1) „Wir wählen heute die Klassensprecher“, ______________ die Lehrerin.

   2) Timo ______________ : „Darf ich ein Eis essen?“

   3) „Es ist hier“, ______________ Ulli, „viel zu laut.“

   4) Pascal ______________: „200 + 300 = 500.“

   5) „Halt, bleib stehen!“, ______________ Frau Meier.

   6) „Ich würde gerne“, ______________ Papa, „am Wochenende zum See fahren.“

(½ Punkt pro Wort) /3 P.

2. Unterstreiche die wörtliche Rede rot und die Begleitsätze blau. Benutze ein Lineal.

   Die Lehrerin begrüßt die Kinder der 3. Klasse nach den Sommerferien fröhlich:

   „Ich wünsche euch allen einen schönen guten Morgen. Ich freue mich, euch alle gesund

   wiederzusehen.“ Carlotta meldet sich und fragt: „Hatten Sie schöne Ferien,

   Frau Fröhlich?“ „Oh ja, das hatte ich wirklich“, antwortet die Lehrerin, „meine Ferien

   waren sehr entspannt.“ Sie fährt fort: „Lasst uns in den Erzählkreis gehen.“

(½ Punkt pro Unterstreichung) 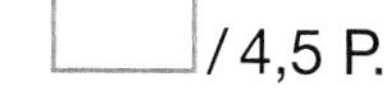 /4,5 P.

3. Lies. Schreibe die Sätze und setze alle fehlenden Satzzeichen : , „ “ ein.

   1) Eingeschobener Begleitsatz: Heute backen wir Plätzchen. (freut sich Lena)

   ______________________________________________

   2) Nachgestellter Begleitsatz: Mir ist es viel zu heiß. (stöhnt Elsa)

   ______________________________________________

   3) Vorangestellter Begleitsatz: Im Winter wird es früher dunkel. (erklärt der Lehrer)

   ______________________________________________

(½ Punkt pro Satzzeichen; 1 Punkt pro Satz) 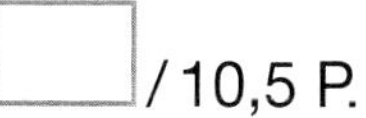 /10,5 P.

Name: ________________________________ Datum: ________________

# Lernzielkontrolle B (1)

1. Setze die passenden Satzzeichen [ : ] [ „ ] [ " ] [ . ] [ ? ] [ ! ] [ , ] ein.

1) Torben ruft ☐ ☐ Achtung ☐ Frau Heimel kommt ☐ ☐

2) ☐ Oh nein ☐ Jetzt zieht doch ein Gewitter auf ☐ ☐ schimpft Stefan ☐

3) Viola fragt ☐ ☐ Wie spät ist es denn ☐ ☐

4) ☐ Hallo Ben ☐ ☐ ruft Maren ☐ ☐ schön dich zu sehen ☐ ☐

5) ☐ Wann ist das Treffen ☐ ☐ ☐ möchte Gabi wissen ☐

☺ ☺ ☺ (½ Punkt pro Zeichen) ☐ / 13 P.

2. Schreibe zwei Sätze mit vorangestelltem Begleitsatz, zwei Sätze mit nachgestelltem Begleitsatz und einen Satz mit einem Begleitsatz, den du am besten kannst.

1) „Hallo Tina, schön, dass du wieder gesund bist!"

________________________________________________

2) „Was ist passiert? Du bist ja ganz blass."

________________________________________________

3) „Das darf doch wohl nicht wahr sein!"

________________________________________________

4) „Ganz ruhig, Leni. Ich hole dir ein Pflaster und dann tut es nur noch halb so weh.

________________________________________________

________________________________________________

5) „In den Sommerferien war ich mit meiner Freundin in Holland am Meer.
Das war toll!"

________________________________________________

________________________________________________

________________________________________________

(1 Punkt pro Satz)

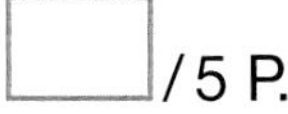
/ 5 P.

BVK • Sonja Schneider / Katja Zigan: Wörtliche Rede trainieren

Name: ______________________ Datum: ______________

## Lernzielkontrolle B (2)

3. Stelle den Redesatz mit Begleitsatz um.

1) vorangestellter Begleitsatz:
„Ich bin so müde und gehe ins Bett“, seufzt Tom erschöpft.

______________________________________________

______________________________________________

2) nachgestellter Begleitsatz:
Maria erzählt aufgeregt: „Bei einer Bootstour in Spanien haben wir sogar Delfine gesehen.“

______________________________________________

______________________________________________

______________________________________________

☺ ☺ ☺ (1 Punkt pro Umstellung, ½ Punkt pro Zeichen) ☐ /6 P.

Name: ______________________ Datum: ____________

## Bewertungsbogen Lernzielkontrolle A

Liebe(r) ______________________, du hast ______ von 18 Punkten erreicht.

| Nr. | | 👑☺ | ☺ | 😐 | ☹ |
|---|---|---|---|---|---|
| 1 | Du hast zu jedem Redesatz ein passendes Wort für „sagen“ verwendet. | | | | |
| 2 | Du hast alle Begleitsätze und Redesätze gefunden und in der richtigen Farbe unterstrichen. | | | | |
| 3 | Du hast alle Satzzeichen richtig eingesetzt und alle Sätze richtig gebildet. | | | | |

Note: ____________ Unterschrift / Datum der Lehrkraft: ____________

Hier brauchst du noch Übung:

Unterschrift der Eltern: ______________________



Name: ______________________ Datum: ____________

## Bewertungsbogen Lernzielkontrolle B

Liebe(r) ______________________, du hast ______ von 24 Punkten erreicht.

| Nr. | | 👑☺ | ☺ | 😐 | ☹ |
|---|---|---|---|---|---|
| 1 | Du hast alle Satzzeichen richtig eingesetzt. | | | | |
| 2 | Du hast passende Begleitsätze gebildet. | | | | |
| 3 | Du hast beide Redesätze richtig umgestellt. | | | | |

Note: ____________ Unterschrift / Datum der Lehrkraft: ____________

Hier brauchst du noch Übung:

Unterschrift der Eltern: ______________________